Joel Jackson Yannick AYO EDIMA

LE MAL NÉCESSAIRE, MON PRÉCIEUX ET LA PETITE MORT AGRÉABLE

Joel Jackson Yannick AYO EDIMA

LE MAL NÉCESSAIRE, MON PRÉCIEUX ET LA PETITE MORT AGRÉABLE

Éditions Muse

Imprint
Any brand names and product names mentioned in this book are subject to trademark, brand or patent protection and are trademarks or registered trademarks of their respective holders. The use of brand names, product names, common names, trade names, product descriptions etc. even without a particular marking in this work is in no way to be construed to mean that such names may be regarded as unrestricted in respect of trademark and brand protection legislation and could thus be used by anyone.

Cover image: www.ingimage.com

Publisher:
Éditions Muse
is a trademark of
Dodo Books Indian Ocean Ltd. and OmniScriptum S.R.L publishing group

120 High Road, East Finchley, London, N2 9ED, United Kingdom
Str. Armeneasca 28/1, office 1, Chisinau MD-2012, Republic of Moldova, Europe
Printed at: see last page
ISBN: 978-620-4-96480-5

SOMMAIRE

Contacts utiles :

- Email : jacksonedima@yahoo.fr
- Gmail : fanfanayal@gmail.com
- Facebook : Yannick Fanfan Ayo
- Instagram : Monsieur AYO

Du même auteur :

- **Les larmes d'un grand homme :** Publié le 14 septembre 2020, aux Éditions Universitaires Européennes.
- **Tu peux le faire !** Publié le 27 octobre 2020, aux Éditions Universitaires Européennes.
- **Immersion dans un monde curieux mais particulier :** ebook Kindle Direct Publishing, soumis le 04 octobre 2022
- **Les piètres visages des hypocrites :** Publié le 02 Janvier 2023, aux Éditions Muse

À

Tous les libres penseurs ;

Les philogynes

Et

Les passionnés de la parabole.

PROLOGUE

Depuis la nuit des temps, le monde est constitué de diversités, d'incompatibilités et de sons discordants. Mais bizarrement, les entités qui y vivent, bien qu'étant ontologiquement différentes, parviennent tout de même à se trouver des liens de complémentarité. Les exemples sont aussi nombreux que des grains de sable au bord de la mer. D'ailleurs, pas mal d'intellectuels estiment que la richesse, qu'elle soit matérielle, humaine ou spirituelle, trouve tout son fondement dans la diversité. C'est la raison pour laquelle, dans le cadre de certains projets, on est souvent emmené de temps à autres à justifier les enjeux contenus dans certains contrastes tels que : le noir et le blanc ; le bien et le mal ; le gros et le malingre ; le mâle et la femelle ainsi de suite. Dans tous les cas, quel que soit le message diffusé derrière chacun de ces dissimilitudes, le constat est saisissant. À partir de ce moment, la nécessité s'impose donc chez certains libres penseurs comme étant un impératif dans la justification de plusieurs thématiques d'intérêt général.

Mais de manière plus spécifique dans cette autre excursion intellectuelle, je ferai une fixation sur ***« le mal nécessaire »***, son arme la plus redoutable ***« mon précieux »*** et bien entendu son effet secondaire qui n'est autre que ***« la petite mort agréable »***.

Alors, de prime abord, ceci ne vous dit rien qui vaille, c'est honnête de votre part et je vous comprends parfaitement. Quoi qu'il en soit, je vais quand même m'appesantir de manière concrète sur ces représentations qui sont à la fois curieuses et captivantes.

Beaucoup de gens se demanderont certainement comment le mal peut-il être nécessaire lorsqu'on connait les multiples dégâts qu'il occasionne au quotidien dans la vie des êtres vivants ? Associer le mal et le nécessaire pour quel résultat ? Et parlant des concepts : « mon précieux » ; « la petite mort agréable », de quoi s'agit-il exactement ? Quel est le message dissimulé derrière ce thème ? Par ce thème, l'auteur souhaiterait résoudre quel problème concrètement ?

Tout d'abord, il serait conseillé de vous détendre parce que je me ferai le devoir de vous dérouler, dans le cadre de cette odyssée, les différents contours qui justifient le choix de ce titre. Ensuite, on parlera de sa raison d'être, son allié et enfin quelques recommandations.

CHAPITRE I :

EXPLICATIONS DES TERMES CLÉS ET PRÉSENTATION DE LA RAISON D'ÊTRE DU THÈME

I.

LES TERMES CLÉS :

➢ Le mal !

Selon certains libres penseurs, il s'agit de toute action ou intention de nuire à autrui. C'est aussi toute initiative contraire au bien, ce qui est mauvais, nuisible, désavantageux, préjudiciable ou qui fait pleurer. Je propose qu'on s'en tienne à ces quelques explications parce qu'il existe une pléthore de travaux scientifiques qui expliquent ce concept à l'envie. Il n'est donc pas question ici d'effectuer un remplissage stratégique qui pourrait à la limite « embêter » le lecteur.

➢ **Nécessaire :**

Globalement, nous pourrions tous essayer d'être unanimes sur le fait que, tout ce qui est nécessaire est utile et suffisant pour réaliser un objectif. C'est aussi trivial et assez logique à comprendre. Donc pour ce qui est de l'origine dudit mot ou encore celui qui l'aurait employé pour la première fois, je propose qu'on en reparle prochainement. Voici plutôt quelques exemples qui permettront d'illustrer davantage ce mot.

Presque tout le monde le sait…

Lorsqu'on manifeste l'intention de prendre un bain, dans la plupart des cas, on a toujours besoin du « nécessaire de toilette ». D'autres appellent ça la trousse de toilette. Celle-ci peut évoluer d'une bourse à une autre. Chez nous par exemple, il vous suffira juste d'avoir un morceau de savon, un frottoir, un dentifrice, une brosse à dents, une serviette, un flacon de lait de toilette et un désodorisant pour faire l'affaire. Évidemment qu'il vous faudra aussi quelques litres d'eau.
Par contre, je préfère ne pas m'aventurer dans ce qui peut être nécessaire pour le bain des autres communautés au risque d'être un peu frustré (c'est humain).

Vous le savez aussi…

Habituellement lorsqu'on prépare un voyage, on parle très souvent de « nécessaire de voyage ». Pour des automobilistes, le moyen de locomotion sollicité devrait toujours passer au peigne fin dans le but de garantir la sécurité des voyageurs. Souvent, pour plus de sécurité, on pourra constituer des petites réserves composées notamment : des couverts, des objets utiles au travail, à la lecture, au carburant et aux emplettes de toutes natures.

Donc,

En un mot comme en mille, le « nécessaire » c'est tout ce qui parait essentiel, utile, indispensable, obligatoire, vital ou fondamental pour réaliser un objectif.

Bien !

Maintenant, venons-en au fait parce que mon idée n'est pas de perdre mes lecteurs dans des explications sommaires et trop faciles. Ce petit devoir que tout le monde peut d'ailleurs faire sans grande difficulté ne mérite pas à mon sens que l'on s'y étende davantage. À mon avis, une abondante littérature à ce sujet pourrait éventuellement emmener les uns et les autres à tirer une conclusion hâtive (si ce n'est même pas déjà fait). Honnêtement, ce n'est pas ce que je souhaite parce que nous ne sommes qu'au début de notre randonnée. Il y a tellement de paraboles à découvrir qu'il serait vraiment dommage de fermer ce bouquin à ce niveau.

Allons-y donc...

➢ C'est quoi « le mal nécessaire » ?

Il s'agit en effet, de cette présence qui s'installe à vos côtés à un moment donné et qui a pour mission principale de vous faire découvrir tous les contours de la vie. Que ce soit dans la joie, la peine, l'opulence ou la misère, il s'impose comme une condition d'éligibilité à plusieurs niveaux.

Le mal nécessaire peut être identifié sous plusieurs patronymes en fonction du bord sociologique ou culturel dans lequel on se situe.

D'après certaines considérations, il peut être perçu comme étant ce produit fini issu de l'une de vos côtes. Vous savez, ce tissu dur et calcifié de votre squelette qui aide à la formation de la cage thoracique. La légende raconte que c'est à partir de cette côte que le « mal nécessaire » a été conçu. Maintenant, allez savoir pourquoi cette partie du corps humain (pourtant nécessaire) a été sacrifiée pour la conception de cette autre entité qui est en tous points, différente de vous et qui, en même temps, est sensée être une source de multiples évolutions émotionnelles. Nous serions tentés de croire par-là que c'était peut-être par nécessité car, la même légende ajoute que tout au long de ce processus de création, une puissante divinité aurait été obligée d'endormir le principal donateur de ladite matière première qui est la côte afin de satisfaire son besoin le plus ardent.

En effet, l'entité en question souffrait d'une sérieuse crise de solitude qui l'emmenait à être triste tout le temps. Cette tristesse se justifiait d'ailleurs par le fait de voir les autres créatures en parfaite dynamique de complémentarité mais à son niveau, quelque chose lui manquait visiblement.

Jusque-là, rien n'explique le prétexte de l'endormissement.

Pourquoi cette divinité était-elle obligée d'endormir ladite créature ? Que cache le mystère de cette création soudaine ?

À ces questions, on peut essayer de comprendre à partir de ladite légende que le mystère du mal remonte à sa conception. C'est peut-être aussi pour cette raison qu'il n'est pas toujours évident d'expliquer les fondements de ce projet. Personne ne sait comment le mal a été conçu. Tout ce qu'on sait est qu'après avoir terminé son œuvre, la divinité en question décidera de réveiller ce malheureux donateur. Curieusement dès son réveil, son visage s'illuminera contre toute attente et l'union avec le sourire sera scellée à jamais. D'ailleurs, le poids de ses émotions l'emmènera à dire des choses bizarres du genre :

« Voici l'os de mes os, la chair de ma chair ».

Ça alors !!! Non mais franchement. Essayons ensemble de comprendre...

Vous vous réveillez un matin et trouvez une créature couchée dans votre lit. Le genre de silhouette qui ne vous était jamais apparue auparavant, même pas dans vos songes. Normalement, il me semble que la première réaction serait de crier à l'aide de toutes vos forces. Au lieu de cela, notre sujet va se laisser aller dans des envolées poétiques aussi étranges que flippantes. Un peu comme si tout ceci était prévu d'avance et que c'est de nos méninges que cette légende se fout.
« L'os de mes os, la chair de ma chair ». Non mais qu'est-ce que vous en savez ?

À moins que vous me parliez des effets de l'anesthésie.

Oui parce que l'anesthésie à un moment donné, fait parfois débiter des inepties aux patients. Surtout lorsqu'elle a été générale.

Je veux bien que chaque être humain, quel que soit son caractère, paraisse sensible aux cadeaux. Pire encore, lorsqu'il s'agit d'un cadeau-surprise comme celui-là. D'ailleurs, tout le monde le sait, la particularité de la surprise (lorsqu'elle est agréable) est de provoquer l'extase. On est parfois à son comble. On s'empresse de découvrir son contenu et très souvent sa saveur. Mais dans la vraie vie, lorsqu'on se réveille d'un coma profond et que l'on constate qu'on a été amputé d'un organe important de son corps, il me semble que la moindre des choses consisterait à chercher à comprendre ce qui vous est arrivé. Or, notre sujet ne se posera aucune question. Que ce soit sur l'origine du cadeau-surprise ou encore sur le sort de sa côte. Cet être avide de nouvelles saveurs va plutôt se lancer dans une consommation sans modération du contenu de cette prestigieuse offrande, gracieusement offerte par la providence. En se perdant dans cette adéphagie gustative, même la recommandation portant sur la nuisance de tout excès sera foulée au pieds. Toute chose qui va entrainer notre créature dans un engrenage sans fin.

En effet, le mal nécessaire n'éprouvera aucune difficulté à découvrir la petite faiblesse de notre sujet car, ayant constaté que cet être humain avait un appétit aiguisé pour son centre de gravité. Il va donc se donner tous les moyens afin de l'assujettir à jamais.

Eeh oui, vous l'aurez compris, ce centre de gravité qui s'apparenterait à une arme fatale et dont le pseudonyme s'intitule : « mon précieux » fait des victimes depuis la nuit des temps.

Essayons donc de voir ensemble de quoi il est question ici.

➢ « Mon précieux »

Comme nous le savons tous, lorsqu'on qualifie quelque chose ou un être humain de « précieux », cela signifie que son importance n'est plus à démontrer. Généralement, tout ce qui est précieux suscite de nombreuses convoitises et provoque des affrontements aussi utiles qu'inutiles.

Dans notre contexte, lorsqu'on parle de « mon précieux », il s'agit de cette pièce anatomique spéciale qui peut être considérée comme étant, le support incontournable de toutes les émotions. Ce support, au travers de ses effets, contrôle la plupart des êtres vivants de la biodiversité, vous y compris. Cela veut exactement dire que, peu importe votre nature, votre position sociale ou même vos convictions cultuelles et culturelles, vous finirez de toutes les manières par vous mettre à genoux devant « mon précieux ».

Pourquoi ?

Eh bien parce qu'il faut savoir que, pour recevoir une grâce, un service ou toute autre faveur de qui que ce soit, il existe des formalités, des prédispositions et des postures obligatoires à adopter.

On peut citer quelques-unes à l'instar des demandes saisies ou manuscrites ; des sollicitations verbales accompagnées si cela est nécessaire, de quelques gestes de la main ou tout simplement une action de révérence.

Chez nous en Afrique, il existe un rituel très répandu dans pas mal de communautés. Il est même devenu avec le temps, une coutume d'allégeance et de respect. Ce rituel consiste à taper trois fois dans ses mains, de fléchir ses genoux et de baisser la tête pour solliciter une aide, un renseignement auprès d'une personne ou encore un accès à quelque chose ; un endroit. Donc, pour ne pas déroger à cette règle universelle, « Mon précieux » à son tour, se verra dans l'obligation d'exiger à tous les potentiels clients qui souhaiteraient recevoir ses gracieux soins, de se mettre à genoux au préalable. Un accord à prendre ou à laisser.

Cependant, ayant constaté que « mon précieux » avait une profonde ouverture d'esprit, notamment pour de nouvelles expériences avec néanmoins, une légère préférence pour les genoux, quelques petits malins vont essayer de contourner cette formalité dans le but de lui proposer d'autres astuces. C'est ainsi que, pour des raisons de démocratie, certains « missionnaires » se verront rejoindre par de nouveaux partis politiques. Nous aurons entre autre, le parti de la levrette ; les petites cuillères ; les ciseaux ; la brouette ; l'union du lotus ; les chimpanzés ; la berceuse ; le petit pont pour ne citer que ceux-là. Ah oui, tout comme les genoux, les autres aussi profiteront de ce vent de libertés pour réclamer quelques sièges à l'hémicycle.

Aaaah la démocratie, quel pied !

Comme nous le savons tous, à l'instar des autres produits, la fréquentation régulière de « mon précieux » peut aussi générer des effets secondaires notamment **: « la petite mort agréable »**.

➢ C'est quoi la petite mort agréable ?

Il s'agit en effet de cette sensation psychophysiologique provenant d'une consommation excessive de « mon précieux » et dont le but est d'entrainer des êtres conscients dans un monde surnaturel. C'est aussi une sorte d'état de transe dont la finalité est de conduire un sujet à une éjection de semence.

Beaucoup parmi nous ne le savent peut-être pas encore mais, ils y sont déjà passés au moins une fois dans leurs vies. D'autres vont y passer dans quelques instants, demain, la semaine prochaine, le mois prochain ou dans quelques mois. En d'autres termes, c'est un rituel universel qui contrôle tous les êtres vivants et influence leurs activités.

Cependant, en même temps qu'elle arrive à générer pas mal d'avantages, « la petite mort agréable » peut aussi être la source de beaucoup d'inconvénients.

Commençons donc tout de suite par quelques avantages.
Le saviez-vous ?

- **« La petite mort agréable » peut arrêter un hoquet persistant :**

Vous trouvez que la science est folle ? Eh bien croyez-moi, vous n'êtes pas les seuls. En 2000, un groupe de scientifiques (quelque part chez les blancs), après avoir étudié une question insolite mais lourde d'importance pour la santé, en sont arrivés à une surprenante conclusion.

Je vous raconte…

Un homme souffrant d'un hoquet permanent pendant quatre jours avait pu l'arrêter immédiatement à la suite d'une éjection de semence. Ils sont donc parvenus à la conclusion selon laquelle, la cessation de son hoquet était due à l'activation de son système sympathique induite par cette petite mort agréable.
Haaaaaaaa les blancs… les blancs. Qu'est-ce qu'ils ne nous apprendront pas.

- **« La petite mort agréable » peut aussi procurer des effets bénéfiques pour la santé cardiovasculaire :**

D'autres chercheurs nous apprennent que, la fréquentation régulière de « mon précieux » aurait des effets préventifs contre les maladies cardiaques fatales. Cette activité selon ces chercheurs, prédispose l'homme à une petite mort agréable lorsque la séance a été bien élaborée par tous les protagonistes. C'est donc la seule fois où on peut mourir trois fois par jour au moins, et revenir à la vie comme par magie.

Yes !!! Enfin…

- **« La petite mort agréable » peut aussi réduire les risques de cancer du sein et de la prostate :**

La science nous renseigne à ce propos que l'ocytocine, l'hormone libérée lors de la petite mort agréable au féminin, réduirait les risques de cancer du sein. De la même façon, des petites morts agréables fréquentes (au masculin), à raison de trois fois par semaine, permettraient de réduire de 15% le risque d'apparition du cancer de la prostate.

- **Après avoir flirter avec la petite mort agréable, il est fort probable que l'on se surprenne dans une situation du « trop disant » car, elle rend habituellement un peu bavard :**

Aaaah les chercheurs…

Bon baah il faut tout de même le reconnaitre hein… Personnellement je ne suis pas du tout surpris par cette autre trouvaille. Je savais déjà que l'utilisation régulière de « mon précieux », surtout celle qui conduit à « la petite mort agréable » pouvait entrainer la libération d'ocytocine dans l'organisme. Ééèh oui ! Il existe bel et bien des sujets qui ne meurent jamais peu importe leur fréquence d'utilisation de « mon précieux ».

On en reparlera…

Je disais donc que, pour avoir essayé cette affaire plus d'une fois dans ma vie, j'ai pu éprouver cette sensation de bien-être qui restaure la confiance en soi et qui développe une envie soudaine

de dire tout et n'importe quoi. Sentant ma petite mort agréable venir, je me suis moi-même surpris un jour en train de dire :
« Je vais t'acheter l'argent quand j'aurai l'argent ; je sais que Macron a été élu troisième Président des Îles Galápagos en 2005 ».

Bien !

Après ces quelques avantages, qu'en est-il maintenant des inconvénients ?

Eh baah ce qu'il faudrait savoir tout de go est que, le mal nécessaire use de son arme redoutable (mon précieux) pour tenir ses sujets en respect et en soumission. Il est même parfois à l'origine de certains affrontements meurtriers dans le monde. Son mode opératoire est simple et pratique. Il peut passer soit par le chantage ou encore l'envoûtement pour agir sur n'importe qui, n'importe quand et n'importe comment.

Comme je l'ai mentionné plus haut, la surconsommation de « Mon précieux » produit habituellement une sensation qui met tout le monde d'accord. Cette sensation s'appelle : « la petite mort agréable ». Elle tient tout le monde en haleine, contrôle tous les segments de la société et entraine beaucoup d'institutions à la perte.

Voici à travers deux témoignages, comment « la petite mort agréable » peut vous conduire vers une situation inconfortable.

➢ La pire expérience de la vie de Sangaré.

Comme tous les jeunes gens de son âge, Sangaré était en quête d'une vie meilleure dans un pays d'Afrique de l'Ouest où il était originaire. Fatigué d'attendre qu'un miracle s'opère dans ce pays en terme de véritable politique publique visant à créer des meilleures conditions de vie aux jeunes pour leur épanouissement, il va décider contre toute attente, d'aller voir ailleurs. Sauf que ce qu'il découvrira sera encore pire que les misères qu'il vivait dans son pays.

Ce qui lui est arrivé…

D'abord, ce qu'il faudrait savoir tout de suite est que, beaucoup de jeunes africains ont décidé de vendre leurs âmes à la facilité. Quand je le dis, je ne pense pas être exclu de cette catégorie. Seulement, chacun a ses motivations. Les unes peuvent être légitimes et d'autres visiblement absurdes. Mais dans la plupart des cas, on essayera de se trouver des justificatifs au sujet des manœuvres d'un système de gouvernance par la ploutocratie mais surtout la gérontocratie c'est-à-dire, un environnement sociopolitique dirigé par les plus riches et les plus âgés. Des gens qui

œuvrent au quotidien pour la préservation de leurs intérêts personnels en se foutant royalement de l'intérêt général.
C'est pourquoi dans certains concours et recrutements administratifs, seuls les prénoms changent lors de la proclamation des résultats. Une façon pour eux d'assurer leur pérennité dans la gestion des affaires publiques même étant déjà en retrait. Une retraite qui n'est en effet qu'une sombre et sinistre mise en scène car, même étant hors des feux des projecteurs, ils continuent de contrôler tous les secteurs et ne laissent aucune chance au grand nombre constitué essentiellement d'indigents. En un mot, *« vous n'êtes rien si vous n'avez personne devant ; un long bras entre autre »*. Allez donc savoir ce que cela signifie.

Revenons à Sangaré…

Un jeune homme d'environ 30 ans, autrefois résigné parce que dépassé par les effets des cas de force majeure, des incidents et des misères de toutes sortes dans son pays, décidera d'aller voir ailleurs. Motivé par des documentaires idylliques venant des médias occidentaux, il décidera avec enthousiasme d'en savoir plus sur ces gens dont les conditions de vie semblent être en tous points à des années lumières de la sienne. Tout semble facile chez eux. Ils sont beaux, riches, généreux, tombent facilement amoureux et sont perpétuellement en quête de nouveaux talents.

Cependant, devant une foultitude d'opportunités, une seule retiendra son attention. C'est ainsi qu'il décidera de s'inscrire sur

pas mal de sites de rencontre. L'objectif étant de mieux exhiber son atout favori afin de taper à l'œil des potentiels enrôleurs.
Il ira donc à cet effet, diffuser quelques vidéos illustratives sur sa page. Des vidéos suffisamment démonstratives et convaincantes pouvant même ramener les plus sceptiques à la raison.

Une semaine plus tard et sans surprise, il recevra une vingtaine de demandes de correspondance. Toutes aussi alléchantes les unes que les autres. Pour une fois, il aura l'impression d'être utile à quelque chose.
Il prendra bien le soin de se faire désirer en étudiant chacune des demandes avec minutie et, pendant qu'il s'apprêtait à prendre une décision logique, voilà une autre demande qui atterrit dans sa boite de réception. Pas beaucoup de littérature, rien que du concret. Dans ce dossier, il lui était juste demandé de marquer son accord en répondant uniquement par « OUI » et le reste devait suivre naturellement. Une demande à la Bavière quoi…

Evidemment qu'il marquera son accord et après quelques formalités d'usage, le voilà en Allemagne. Quelle joie ! Quelle chance ! Tout est beau, tout est grand, tout sent bon et l'argent coule à flot. C'est la première fois de sa vie qu'il sera payé pour ne rien faire. Oui parce que, mettre son atout au service du « mal nécessaire » de temps à autres et recevoir un traitement princier serait un jeu d'enfant. Il suffira juste de demander… Enfin c'est ce qu'il croyait ihihihihiii ☺.

Chez nous en Afrique, il y a une sagesse qui nous enseigne que : *« lorsque le mal vous fait une offre de la main droite, il serait sage de surveiller sa main gauche »*. Fin de citation. Cependant nous les noirs, savons souvent être plus blanc que le blanc lorsqu'on arrive chez eux. Parfois même, on leur montre que nous sommes des champions dans tous les domaines. C'est malheureusement dans cette logique que notre très cher bien aimé Sangaré va s'inscrire.

Dans ce projet, il était question de consacrer le premier jour, à la prise de contact. Il s'agissait à cet effet pour « le mal nécessaire bavarois » de présenter « mon précieux » à Sangaré. Mais le gars, ne sachant pas faire les choses à moitié, va plutôt lui infliger une torture mémorable au point de le faire vomir à plusieurs reprises. Une affaire de prise de contact qui s'est transformé en supplice au point où « le mal nécessaire bavarois » verra de toutes les couleurs.

(...) En prenant cette affaire par ce bout, on serait tenté de se demander entre parenthèses, comment un simple frottement peut-t-il arriver à endormir toute une entité de cette réputation d'un seul coup ?

Qui est ce Sangaré ? Pour qui se prend-t-il ? (...)

Continuons !

Toute la nuit, la pièce était embaumée par la libération de plusieurs courants d'air. Heureusement pour Sangaré, certaines fragrances

soigneusement installées absorbaient automatiquement ces fuites asphyxiantes.
Devant le miroir, il n'arrêtait pas de se féliciter. Quel étalon ce Sangaré ! Il a réussi à éradiquer le mal d'un seul coup. Bravo Sangaré… Bravo ! ☺ ☺ ☺ ☺ ☺

Après ce coup de maitre, le champion Sangaré vint glorieusement s'étendre à côté du mal en manifestant une sorte de sentiment du devoir accompli.

Quel courage !

Cependant, il apparait très clairement que notre ami Sangaré n'aura pas pris le soin de bien lire la notice avant consommation. Il n'ira même pas s'ennuyer pour demander conseil au préalable avant de se lancer dans ce challenge à hauts risques. Le plus inquiétant dans tout cela est qu'il apparait très clairement que ce jeune africain ne s'est pas rappelé de cet autre dicton qui nous interdit de se moquer du crocodile avant d'avoir complètement traversé la rivière.

De toute évidence, dans la suite de l'aventure, il ne tardera pas à comprendre pourquoi « beaucoup » n'a jamais accepté de trainer la lettre « S » comme terminaison.

Le lendemain vers quatre heures du matin, alors que notre étalon était encore absorbé par un sommeil profond, il sera brutalement réveillé par des onomatopées dignes d'une finale de l'US OPEN : « Hummmm…. Hummmmm… Hummmm… ».

En effet, il se surprendra entrain de violenter « le mal nécessaire bavarois » une fois encore. Lui qui croyait être victime des couches de nuit, se rendra bel et bien à l'évidence qu'il était en plein deuxième round du combat qu'il a engagé la veille. Mais cette fois, c'était un peu plus intense. Le « mal nécessaire bavarois » avait visiblement pris les choses en main et Sangaré n'y voyait que du feu. Même sa capacité de résistance sera en quelques sortes domptée. Malgré cela, notre cher ami fera tout au moins prévaloir l'une de ses spécificités les plus remarquables : celle de tenir debout bien qu'étant déjà affaibli par des vomissements. Cette qualité a eu le mérite de fixer l'attention du « mal nécessaire bavarois » au point d'aiguiser outrancièrement son appétit. Parfois, il oubliait d'aller bosser parce que suspendu sur Sangaré. Même étant au boulot, il n'arrêtait pas de sourire, d'échanger avec Sangaré par SMS. Un comportement qui intriguait ses amis et collègues qui ne le reconnaissaient presque plus. Il était devenu très avenant, un peu discret au travail et surtout trop souriant.

Une activité qui semblait pourtant évidente au départ pour l'africain, commençait progressivement à lui poser de graves soucis psychophysiologiques. En effet, il avait de plus en plus du mal à bien se sentir dans sa peau parce que n'étant pas habitué à vomir plus de neuf fois par jour. Vous l'aurez compris, « la petite mort agréable » devenait à mesure que le temps passait, extrêmement désagréable. Ça ne s'arrêtait plus et aucun coin de la maison n'était épargné. De la salle de séjour à la salle d'eau en passant par la cuisine, le magasin, le balcon ou le jardin, notre cher ami

Sangaré était mangé dans toutes les sauces. Il n'était en paix que lorsqu'il se retrouvait seul à la maison. Mais ses misères récidivaient aussitôt que « le mal nécessaire bavarois » était de retour du travail. Alors, fatigué de recevoir ce traitement qui l'obligeait à mourir indéfiniment de manière journalière, il décidera de faire un appel à l'aide par le biais d'une vidéo amateur devenue virale sur internet. J'ai décidé de partager le contenu de cette vidéo afin que chacun de nous puisse tirer un enseignement.

Mesdames et messieurs voici pour vous, le récit poignant de Sangaré. Sans filtre s'il vous plait :

- *Bonsoir mes frères et sœurs…*
- *Je suis Sangaré, je vis en Allemagne…*
- *Je souffre, je souffre…*
- *Je suis avec une femme blanche, je vis avec une femme blanche, ça me fait trois mois.*
- *Trois mois… Elle m'a aidé à venir en Allemagne.*
- *On s'est rencontré sur internet.*
- *Maintenant je suis arrivé en Allemagne la, elle m'a mis dans une maison, elle m'a enfermé… Et,*
- *A chaque fois, j'ai l'impression que, elle met médicaments dans nourriture.*
- *Donc je bande, je bande.*
- *Elle vient, elle me fait mougou, elle me mougou, elle couche avec moi jusqu'aaaa… Je peux faire neuf coups par jour…*
- *Je peux faire neufs coups par jour je souffre…*
- *Où je suis là je suis fatigué.*
- *Pardonnez aidez-moi partagez la vidéo pour que mon Ambassade vienne me chercher.*
- *Je suis ivoirien pardonnez.*
- *Mes frères maliens, mes frères burkinabè, mes frères sénégalais, mes frères camerounais, mes frères guinéens… partagez la vidéo pour m'aider.*
- *Je souffre dans les mains de la femme allemande la.*
- *Elle me baise oooh elle me baise, je souffre…*
- *Je ne sais plus quoi faire. Je souffre, je souffre dans sa main… Je vais mourir…*
- *Pardonnez aidez-moi…*

- *Partagez la vidéo pour que tout le monde puisse voir.*
- *Je suis en Allemagne je souffre…*
- *Interpellez mon Ambassadeur… il n'a qu'à venir m'aider, ils n'ont qu'à venir m'enlever dans sa main…*
- *Ils n'ont qu'à me rapatrier c'est mieux, ils n'ont qu'à me rapatrier c'est mieux…*
- *Pardonnez oooh pardonnez.*

➢ Un homme traumatisé.

Récit authentique sans filtre...

Par Hissen Amazia.

- *Bonsoir Monsieur le public…*
- *Je m'appelle ABOUBAKAR, je suis un homme traumatisé…*
- *Ma femme… il s'appelle Tatiana…*
- *Le traumatisme, ça a commencé le jour où Tatiana m'a dit, chéri… je vais te faire l'orgasme…*
- *J'ai dit Tatiana fais-moi l'orgasme…*
- *Tatiana fais-moi l'orgasme… mais la corde que tu as attaché dans mon cou la… je ne respire pas bien…*
- *Tatiana m'a dit que je suis son cheval…*
- *J'ai demandé à Tatiana… Tatiana est-ce que le cheval peut courir s'il ne respire pas ? …*
- *Le lendemain je « mé » réveillé chez les sapeurs-pompiers… On me dit Monsieur pourquoi tu as voulu te suicider ? …*
- *J'ai dit je ne voulais pas me suicider… c'est Tatiana qui me faisait l'orgasme…*

Monsieur le public deux semaines plus tard, Tatiana me dit…

- *Je vais te faire l'amour…*
- *J'ai dit Tatiana fais-moi l'amour…*
- *Tatiana m'a attaché le pied…Tatiana m'a attaché les mains…*
- *Il a pris la chicotte il « mé » fouetté. J'ai dit Tatiana l'amour que tu fais la ça fait mal hein… Il m'a dit appelle-moi maitresse…*
- *J'ai dit tu ne t'appelles plus Tatiana ?*
- *Le lendemain je « mé » réveillé chez les sapeurs-pompiers.*

A partir de ces deux récits, j'essaye de démontrer que « le mal nécessaire » n'a pas de limite. Il peut nous détruire à tout moment s'il se sent menacé. C'est pour cette raison que ceux qui nous ont devancé dans la sagesse ont offert un statut spécial à cette entité. Elle est protégée par des organes spécialisés de l'Organisation des Nations Unies, des Organisations Non Gouvernementales et par la majorité des sociocultures en général. En effet, ils ont compris que c'est une bombe à retardement qui mérite d'être bien encadrée. Voici à peu près quelques exemples qui démontrent la différence entre cette entité et nous.

- Si un jour, par hasard, elle vous colle une paire de gifle ou vous engueule en public, tout le monde essayera de justifier sa colère. Par contre si c'est l'inverse qui se produit, on vous taxera de tous les noms d'oiseaux. Il serait même possible de vous attaquer en justice.

- Si ensemble, vous vous retrouvez par hasard ou de manière programmée dans un restaurant, il vous reviendra de payer la totalité du montant de l'addition. Autre chose, vous devriez l'installer au préalable en tirant soigneusement son siège sinon on dira de vous que vous n'êtes pas galant… et n'allez surtout pas chercher à savoir pourquoi elle pique tout le temps dans votre assiette alors qu'elle aurait commandé un menu différent du vôtre pour des raisons « d'esthétique ». D'ailleurs, si elle oublie de le faire, il sera de votre rôle de le lui rappeler. C'est aussi ça être attentionné.

- Au moment d'aller la déposer chez elle, n'oubliez jamais de lui ouvrir la portière même si elle ne l'a pas fait pour vous. Elle n'est d'ailleurs pas obligée de le faire, vous si. Pour l'écrémage de votre image, vous serez tenu de le faire. Si vous ne le faites pas, on dira que vous n'êtes pas élégant du tout.

- Si vous avez l'habitude de verser votre semence dans son moule de fertilité et que cela entraine par la suite, une sorte de germination, vous serez tenu de céder à tous ses caprices. Si vous ne le faites pas, on dira que vous êtes un irresponsable.

- Son argent c'est son argent. Le vôtre c'est pour toute la famille. Si par mégarde, vous commencez à trop vous intéresser au contenu de son portemonnaie, il est fort possible qu'on vous traite de gigolo.

- Elle a tous les droits, surtout celui de parler h24. C'est normal ! Par contre, si c'est vous qui le faites, on dira que vous n'avez pas de boules solides.

- Vous ne devrez jamais rien lui cacher et ce, même si ce n'est encore qu'une idée de projet.

- Elle adore être mise en confiance au quotidien. Ne jamais passer une journée sans lui dire qu'elle est belle ou encore que sans elle, il vous serait impossible de vivre.

- Faites-lui des surprises agréables, des petits messages réguliers ; faites surtout ce qu'elle vous recommande et non ce que vous pensez être bon pour elle. Vous n'êtes pas son père !

- C'est elle qui a toujours raison. Elle connait tout donc, pas besoin de Google.

Je ne sais pas pour vous mais, je propose qu'on s'en tienne d'abord à ces quelques indices au risque de passer une éternité ici à ne faire que cela. Le but était juste de présenter ces quelques signes non exhaustifs à ceux qui peinaient encore à comprendre les fondements de ces paraboles.

II-

LA RAISON D'ÊTRE DU THÈME

Contrairement à ce que certains pourraient éventuellement s'imaginer, il ne s'agit pas ici de diaboliser « le sexe faible », au contraire. Il est plutôt question d'interpeller certains champions sur les dangers d'une potentielle addiction au sujet de la surconsommation désordonnée de « mon précieux ». Quand on aime, on achète devant Dieu et les hommes car, le mal sait souvent paraitre nécessaire lorsqu'il se sent rassuré et en sécurité. Par contre, s'il constate un seul instant que vous vous amusez avec ses émotions, il risquerait ne pas être à court d'idées pour vous imposer une conduite à tenir. Il pourrait ne pas éprouver trop de peines pour se donner tous les moyens afin d'entrer dans votre jeu et vous détruire plus tard.

Ma petite expérience de la vie m'a enseigné que très peu de personnes parviennent à résister à la saveur de « la petite mort agréable ». Donc s'il est établi que vous êtes un champion de l'humiliation sentimentale, il serait souhaitable que vous vous ravisiez très rapidement car, après l'avoir tant humilié, vous pourriez être surpris un jour de vous retrouver dans une situation regrettable. Oui il sait supporter quand vous comptez à ses yeux mais faites-moi confiance, il lui suffirait juste d'un claquement de doigts pour qu'il passe du nécessaire à l'impitoyable lorsqu'arrive le moment du ras-le-bol.

Je suppose avoir été clair. De toutes façons, la vie est un choix et chacun est libre d'en faire un.

Chapitre II :

Le mal nécessaire, complice de l'oppresseur

Dans la société en général et en politique tout comme dans le business en particulier, la course au trésor est féroce et parfois, tous les coups sont permis. Il vaudrait donc mieux pour vous de garder secret vos faiblesses parce que vos adversaires pourraient les utiliser contre vous plus tard. Ceci est davantage valable pour des habitués des petites morts agréables non contrôlées.

Vous savez, un oppresseur est similaire à un éleveur qui engraisse ses cochons tous les jours dans la seule finalité de les vendre le moment venu dans un marché périodique. Dans notre contexte, on n'en est pas très éloigné parce que, l'oppresseur chez nous se décompose en deux catégories :

La première catégorie regroupe un ensemble de personnes sournoises et hypocrites qui ne jurent que pour la politique.

Des gens qui vous engraissent toute la vie avec des formations académiques interminables en vous promettant des horizons mielleux en terme d'opportunités d'emplois ou encore un écosystème de business séduisant.

Au travers des promesses politiques ou encore des cadeaux empoisonnés, on vous fera gober des choses incroyables. On vous dira par exemple de ne jamais perdre espoir ; de toujours serrer la ceinture parce que « les gouvernants » sont conscients de vos misères et œuvrent chaque jour qui passe à prendre des mesures pour l'amélioration de vos conditions de vie. Sauf qu'au fur et à mesure que le temps passe, on a plutôt l'impression qu'en même temps que le bas peuple suffoque, ces dirigeants par contre, roulent carrosse et entretiennent le sinistre vœu de s'éterniser au pouvoir jusqu'à ce que mort s'en suive. On se retrouve donc avec des scenarios où des jeunes gens sont diplômés en tout mais, ne peuvent rien faire de manière concrète.

Dans un pays en voie de développement où des gens peinent pour avoir une alimentation équilibrée parce qu'ayant un pouvoir d'achat journalier de moins d'un dollar, vous avez quand-même des gens qui vous enseignent la paléoclimatologie, l'astrophysique, l'archéologie ou l'eschatologie.

Résultat des courses…

Nous comptons plus « d'exhumeurs » que d'agriculteurs ; des rêvasseurs écervelés qui vous racontent des choses venant d'autres planètes lorsqu'ils sont interpellés pour expliquer des choses basiques ; des docteurs en théologie qui ne savent que réciter et imposer des dogmes aux pauvres en les dépouillant du peu qui leur reste pour la survie. Un seul individu est diplômé en histoire des pyramides et chants grégoriens, spécialiste des travaux de Descartes, expert en science métaphysique et développement personnel. En effet, c'est ce genre de profil que vous trouverez plus tard à la tête d'une entreprise publique dont les missions consistent en la production et la distribution de l'eau et de l'électricité dans nos pays.

Je n'exagère pas !
Faites un tour chez nous pour vérifier tout ça.

Comme si cela ne suffisait pas, on prendra même le soin de fabriquer des experts en marketing et sémiotique politique afin de faciliter et surtout forcer la compréhension des discours ambigus et mensongers au « bétail électoral » que nous sommes.

En quelques sortes, on vous prépare à faire la promotion d'une économie de diplômes au détriment de l'économie de production. Une économie de consommation des produits importés en lieu et place de l'import-substitution.

Bref !

On s'intéresse davantage aux choses compliquées alors que nos besoins physiologiques tardent à être satisfaits.

En gros, on vous fait tourner en rond comme une chèvre attachée autour d'un poteau. Pendant ce temps, on modifie aisément la constitution parce qu'ayant la majorité à l'hémicycle ; on se reproduit dans des écoles d'élites afin d'assurer sa pérennité ; on promulgue des fausses lois des finances pour mieux dépouiller les pauvres ; on privatise des entreprises publiques au profit des sociétés-écrans qui, en réalité, appartiennent encore aux membres du clan. On met sur pied des *« centres de formalités de création d'entreprises* » avec des promesses fallacieuses et inopérantes sur le terrain.

Plus haut, j'ai parlé de cadeau empoisonné. En voici quelques exemples…

- Chez nous, pour un jeune qui se lance dans du business avec un capital d'environ 1 000 000 de Franc CFA (un peu plus de 1 500 euros), il fera tout d'abord face à une bureaucratie incroyable en vue de l'obtention de ses documents administratifs. Ensuite, il se fera bouffer par des contrôles exorbitants (Mairie, Impôts, Commerce, Audiovisuels, Organismes de protection des droits des consommateurs etc.). Au finish, on se retrouve en train de travailler pour un État qui ne vous garantit aucun avenir.

- Pour un autre qui a eu la grâce d'obtenir un emploi à la fonction publique, je parle précisément d'un Contractuel d'Administration, on lui fera d'abord supporter minimalement deux années de travail sans salaire. Oui oui, il vous sera recommandé d'apprendre d'abord le travail et de ne pas se précipiter dans « des affaires d'argent ». Il faut être patient dans la vie. Cependant, on prendra quand-même la peine de vous affecter très loin de vos proches. Arrivé là-bas, vous devriez vous débrouiller pour vivre et surtout pour être efficace au boulot.

Je vous assure que si vous n'êtes jamais arrivés chez nous, vous aurez du mal à me croire. Vous pensez que c'est par hasard que les jeunes africains préfèrent aller travailler le cardio au désert ou en méditerranée ? C'est parfois par nécessité après avoir tout essayé. C'est pour cette raison que nous avons coutume de dire chez nous et je cite : ***« si on vous explique les choses de chez nous et vous dites avoir compris, sachez qu'on vous les a mal expliqués. »***

Le salaire ?

Ah oui ! Le fameux salaire. Lorsqu'il se décide enfin d'arriver, pour un « Cadre Contractuel d'Administration », il est de l'ordre de 120 000 Franc CFA, toutes taxes comprises. Environ 184 euros.
On vous dit : *« voilà votre salaire mensuel »*. Bien sûr que ça existe au 21eme siècle. Par ailleurs, il est même aussi possible de trouver une autre famille qui vit avec moins de 184 euros le mois. Ah oui ! une vie du « chacun pour soi » ; un fonctionnement à la perfusion en quelques sortes.

Bref revenons à 184 euros le mois…

On vous dit : *« essayez de vous bâtir une vie avec ça »*. D'ailleurs, vous devez même remercier le ciel pour cela car, cette grâce ne court pas les rues. C'est avec ça que vous allez devoir vous débrouiller pour vous loger, vous nourrir, payer la pension des enfants, vous marier, construire votre maison etc. La loi ira jusqu'à vous interdire d'accepter des pots de vins ou de « faire des affaires » car, cela est incompatible avec votre statut de fonctionnaire. Le service public est gratuit et votre salaire est largement suffisant pour vous établir en société… ***« Faut pas quand même exagérer ! »***. Pendant ce temps, lorsque vous essayez de faire un tour sur le terrain et plus précisément dans des espaces commerciaux, vous vous rendrez très vite à l'évidence qu'il vous serait très difficile de tenir face à ce contraste mortifère.

Alors, pour quelqu'un qui souhaiterait s'en sortir au regard de ce qui précède, il est fort probable qu'il se retrouve face à deux hypothèses incontournables : soit il devient un faussaire ou alors il intègre la deuxième catégorie de l'oppression. C'est cette catégorie qui est la plus vicieuse de toutes.

Il s'agit en effet de…

Ceux qui ne se cachent pas pour vous écraser.

Ils opèrent au travers des considérations à la fois rétrogrades et suicidaires telles que :

- **Attendez votre tour.**

Je vous explique !

Généralement quand vous entendez ça, sachez tout simplement que vous avez en face de vous, un individu que la promotion au grade supérieur a surpris. Oui oui, chez nous la promotion au grade supérieur n'est pas automatique (sauf dans les métiers de la sécurité et la défense). Donc, quand un civil arrive à bénéficier de la faveur d'un décret ou d'un arrêté ministériel, il est en droit d'estimer que c'est l'occasion ou jamais pour lui de ***« faire de bonnes affaires »*** c'est-à-dire : **bien s'en mettre plein les poches**.

À partir de ce moment, vous n'avez donc pas à lui dire quoi que ce soit, c'est lui le patron et vous faites ce qu'il dit. S'il veut vendre sa signature pour un service public qui est supposé être gratuit, ce n'est pas à vous (son collaborateur) de lui rappeler les missions contenues dans son cahier des charges ou encore les dispositions réglementaires de l'éthique et de la déontologie professionnelle. Il est libre de détourner les fonds publics à sa guise et confisquer vos avantages à son profit. D'ailleurs, il n'a aucun compte à rendre à qui que ce soit.

Celui qui n'est pas content n'a qu'à attendre son tour.

C'est comme ça !
Autre chose…

- **D'où venez-vous ?**

À ce niveau, on parle beaucoup plus de République des réseaux et des clans. Ici rien n'est fait au hasard. Vous devrez appartenir à un clan pour espérer obtenir une place au soleil. Pour ceux qui s'amusent, sachez que ce n'est pas une affaire simple car, les clans se constituent par affinité.

Quelques exemples de clans : les pédés, les lesbiennes, les vampires, les ethnies et les sociétés secrètes importées. Ce sont ces groupes qui imposent leurs conditions pour des promotions aux grades supérieurs. Donc, au diable le mérite, priorité à la fraternité.

Récapitulons alcrs ensemble !

Chez nous pour réussir, il vous faut impérativement intégrer un réseau à partir d'un clan. Si par contre vous n'êtes pas membre d'un quelconque clan, vous devriez avoir quelqu'un qui s'y trouve afin de bénéficier d'une recommandation le moment venu. Rien à faire !
C'est pour cela qu'on dit habituellement chez nous : « Quelqu'un est quelqu'un derrière quelqu'un ». Fin de citation.

VOILA DONC COMMENT L'OPPRESSEUR OPÈRE CHEZ NOUS.

À quel moment le mal nécessaire entre-t-il en concubinage incestueux avec l'oppresseur ?

Facile !

Quelques modes opératoires très simples existent pour faire tomber un clan ou le fragiliser en fonction des enjeux du moment. Chez nous par exemple, il existe une compétition très courue appelée *« la guerre de succession »*. C'est un ensemble d'affrontements meurtriers entre différents belligérants dans le cadre de la conquête du pouvoir suprême. Une sorte de cannibalisme à outrance qui crée parfois un environnement frileux dans la société. Entre crimes rituels, cabales et outrage à personnalité publique, on ne lésine sur aucun moyen.

Cependant, le rôle du « mal nécessaire » a toujours été clairement défini dans ces funestes spectacles : assener le coup de grâce à certains acteurs intrépides et récalcitrants du camp opposé.
Il peut par exemple se donner tous les moyens pour s'introduire dans votre bureau et vous piéger sur un projet incontournable :

- **Un flirt avec mon précieux.**

Je vous explique…

Alors, bien que les chiffres ne soient pas encore tout à fait actualisés, il apparait néanmoins très clairement que, trois humains sur cinq n'arrivent toujours pas jusqu'à ce jour, à se contenir devant « mon précieux » parce que comme disait quelqu'un : « le cerveau suit le cœur ».

Vous savez, il existe de nos jours, des accessoires d'espionnage aussi insolites les uns comme les autres. Nous pouvons citer entre autre : les lunettes caméra ultra-minces encore appelées « les yeux d'espion » ; des stylos-espion avec caméra Full HD 1080p. Il y a même des sacs à main espion. Eh oucis ! ça existe.

Je vous recommande à cet effet de prendre l'habitude de dominer très souvent vos pulsions organiques pour surveiller la disposition de ces accessoires dans votre bureau lorsque le « mal nécessaire » décide de vous rendre des petites visites de courtoisie de temps à autres. Parfois, on dépose son sac à main ou ses lunettes à un endroit stratégique afin d'obtenir une meilleure qualité d'image. Apprenons à refuser certaines offres gracieuses de « mon précieux » même si elles sont faites par des entités à l'apparence naïve et inoffensive. Certaines « petites morts agréables » pourraient vous conduire à la perte.

Je n'ai donc plus besoin de rappeler à qui que ce soit ce que l'image indécente d'une personnalité publique peut avoir comme impact négatif dans sa carrière, surtout lorsqu'elle est rendue virale sur les réseaux sociaux.

- **Le « mal nécessaire » n'a pas de limite. Alors, l'ayant bien compris, l'oppresseur peut décider à un moment donné de l'utiliser pour faire chuter votre entreprise à une vitesse vertigineuse.**

Comment ça se fait ?

Eh bien la première chose à savoir est que, dans nos sociétés, c'est « le politique » qui tient le système étatique dans son entièreté. Il sait sur quel levier activer pour faire tomber n'importe quel géant du business qui tant à prospérer sur son territoire.

On peut vous manipuler à l'envie…

- A un moment donné, vous, chef d'entreprise, pouvez recevoir un important appui du gouvernement : un chèque, une exonération fiscale ou une baisse de tarifs douaniers. Généralement, on qualifie cette marque de générosité comme une politique de promotion des « champions nationaux ». Une sorte de stratégie gouvernementale visant à accompagner les opérateurs économiques locaux dans leurs activités.

- Puis un autre jour, surtout lorsqu'on commence à vous soupçonner de prendre la grosse tête, pire encore, si vous êtes suspecté de lorgner le siège suprême, on peut vous infiltrer en vous recommandant un profil douteux. Le genre d'employé qui viendra vous faire tomber définitivement.

De toutes façons lorsque l'Etat vous tient, il vous serait un peu difficile de rejeter cette offre, surtout quand elle s'accompagne d'une promotion-canapé. Sauf que l'expérience a prouvé que, plus on recrute des abrutis en entreprise et que la recommandation vous exige de les positionner à des postes stratégiques, plus ils arrivent avec d'autres abrutis dans le but d'écarter les compétences. La suite, tout le monde ou presque peut l'imaginer. La catastrophe bien évidemment.

- **Comment le « mal nécessaire » arrive-t-il à aider l'oppresseur à plonger nos Etats dans le sous-développement ?**

Eh bien la réponse est toute simple. Il passe par « la petite mort agréable ».

Alors, comme son nom l'indique, « la petite mort agréable » constitue dans la plupart des cas, l'un des facteurs qui conduit très souvent à l'assèchement sauvage de nos caisses publiques. Habituellement, les décideurs, dans le but de préserver leurs intérêts organiques, procèdent très souvent par la distraction des budgets d'investissements publics pour la réalisation des projets curieux, frisant même parfois la provocation.

Je vous explique…

Normalement, quand on parle de budgets d'investissements publics, il s'agit de manière triviale, d'un ensemble de ressources financières prévues par l'Etat en vue de créer ou développer de

meilleures conditions de vie au profit des populations et ce, dans tous les domaines en fonctions des enjeux et des urgences.
Or, il se trouve le plus souvent que, ces ressources soient affectées au fonctionnement des entreprises fictives et surtout à l'entretien du « mal nécessaire ». En d'autres termes, les maitres d'ouvrages décident de manière délibérée de faire exactement le contraire de ce qui se trouve contenu dans leurs cahiers des charges. Ah oui ! Ces gens qui s'apparentent à des fossoyeurs de la République préfèrent habituellement préserver leur bien-être organique au détriment de l'intérêt général. Ils savent pertinemment que ce qu'ils font n'est pas bien et qu'ils ne sont en réalité que des sinistres criminels. Mais, ils n'en ont que faire car, lorsqu'ils entrent en connivence avec « le mal nécessaire », ils n'ont plus peur de rien. Ils prennent les risques les plus démesurés en organisant chaque jour qui passe, des crimes à la fois politiques, économiques et surtout sociaux. Ils le font sans remord ni hésitation parce qu'ayant volontairement choisi de loger leur bien-être dans la souffrance des autres. C'est en regardant les autres souffrir qu'ils parviennent à affirmer leur pseudo-puissance.

D'ailleurs,

Ils estiment ne pas être obligés de rendre aux populations, le service régalien pour lequel ils ont pourtant été nommés. Ce qui les préoccupe davantage est de paraitre intéressant devant « le mal nécessaire ». Ils ont même un credo bizarre qu'ils déclament à l'envie : ***« j'ai été nommé et non élu »***. Cela veut exactement dire qu'ils ne ressentent aucune obligation d'œuvrer pour le bien-être des populations. Ils préfèrent se contenter d'être des « danseurs du roi ». C'est pour cela qu'ils ne feront rien sans au préalable parler de « hautes instructions du Président de la République ».

Donc,

En gros, on vous nomme pour résoudre un problème précis mais vous, en retour, attendez encore des hautes instructions. Une façon de dire que tant qu'il n'y aura pas de hautes instructions, on sera libre d'utiliser les fonds publics pour construire des villas, acheter des voitures rutilantes et gonfler les comptes bancaires du « mal nécessaire ».

Détourner les budgets de construction d'infrastructures publiques ou des projets de souveraineté pour solliciter à nouveau des hautes instructions du « Roi » en vue d'effectuer des emprunts supplémentaires à la livraison des mêmes projets demeure leur rituel favori.

Mais ce qui est bizarre dans ces funestes spectacles est que, le « Roi » semble visiblement s'y complaire. Du moins, tant que vous ne vous intéressez pas à son siège bien entendu. Ah oui ! chez nous c'est interdit de parler de succession pendant que le roi est encore en activités.

Et que dire des dégâts collatéraux ?

Quand le « mal nécessaire » veut défendre ses intérêts, des victimes se comptent par millier sur le carreau. De nombreux foyers sont désertés et détruits par des chefs de familles irresponsables et inconséquents. En véritables fins gourmets de « mon précieux », ils

n'hésitent jamais d'hypothéquer l'avenir de leurs progénitures pour une affaire de fellation aux cristaux de menthe.
Je crois vous avoir dit que le « mal nécessaire » n'avait aucune limite. Il est capable de briser plus d'une famille juste dans le seul but d'assurer ses intérêts égoïstes.

- **Aucun secteur ne semble être sacré pour cette entité, même pas l'université.**

Parfois quand ça commence à se compliquer de manière logique, elle est capable de contourner certaines procédures éthiques afin de parvenir à satisfaire son besoin. Si par exemple c'est le diplôme qui constitue un frein à son évolution et que, après avoir essayé de l'obtenir par des moyens valides, elle est capable de l'acheter pour avancer. Ça s'appelle en fac, une réussite par **« notes sexuellement transmissibles »**.

Résultats des courses...

Pour des entreprises de souveraineté, on nomme des cancres à leurs têtes. Des cancres qui recrutent des cancres avec des considérations rétrogrades comme le tribalisme, la corruption et la fraternité. C'est pourquoi à un moment donné, certaines localités peuvent être privées d'électricité pendant des mois voire des années sans que cela n'émeuve l'oppresseur. Tant que son « mal nécessaire » est content et que sa « petite mort agréable » ne souffre de rien, vous pourriez bien crever les uns après les autres qu'il s'en foutrait royalement.

Généralement, quand les intellectuels parlent de cure de désintox, ils devraient peut-être aussi essayer de se pencher sur certaines mentalités au lieu de toujours s'attarder en priorité sur les affaires de drogue ou d'alcool. Dans nos pays, j'ai la nette impression que certaines mentalités en ont vachement besoin. C'est même une question de vie ou de mort.

CHAPITRE III :

QUELQUES RECOMMANDATIONS

Dans cette dernière partie, il sera juste question d'énumérer des petites recommandations dans une démarche pédagogique. Le but étant de capter l'attention d'une cible assez concentrée sur des questions de subsistance et de réalisation de soi.

On ne refuse pas les conseils !

Allons-y…

Pour ceux qui ne le savent pas encore, sachez que « le mal nécessaire » a été conçu pour notre bien-être. C'est pourquoi, il est question de bien en prendre soin. Oui oui, parce qu'il ne fait pas que de mal. Il fait même dans la plupart des cas, énormément de bien. Toutefois, pour votre santé, je vous implore à genoux, de ne jamais chercher à fouiller les motivations ni les fondements de sa création. Vous n'en trouverez presque jamais. Le mal nécessaire héberge les origines du mystère. Nous nous contentons juste d'adopter une position contemplative au sujet de cette entité du fait de ce qu'on en tire comme avantage en l'ayant à nos côtés. Alors, même si cette entité peut arriver à soigner votre image dans la société du fait de sa capacité à opérer des parturitions de temps à autres, il vaudrait mieux pour vous de suivre ces quelques recommandations à la lettre.

On ne sait jamais !

Allons-y…

1. Lorsqu'il vous arrivera un jour de sentir votre « petite mort agréable » arriver, gardez-vous de faire des promesses. En effet, « le mal nécessaire » est capable d'utiliser « mon précieux » pour vous amener à prendre des engagements que vous risquerez ne pas tenir dans le futur. Il est nettement mieux de prendre des engagements lorsqu'on est lucide.

2. Toutes les petites morts ne sont pas toujours agréables et donc, pas du tout nécessaires. Il y'en a qui sont toxiques non seulement pour la santé mais aussi pour votre vie en général.

Quelques exemples.

- Pour la stabilité de votre foyer conjugal, il serait souhaitable de réduire la fréquence de complicité entre vos amis, vos frères et votre « mal nécessaire ».

J'explique...

Il y a des complicités qu'il faudrait absolument restreindre si vous voulez avoir une vie de couple sereine.

Pourquoi ?

Lorsqu'à un moment donné de votre vie, vous commencez à remarquer de manière incessante que votre « mal nécessaire » préfère se confier soit à votre meilleur ami ou alors à votre frère plutôt qu'à vous, il serait judicieux d'y mettre un terme. Certaines pratiques douteuses et dangereuses arrivent parfois à s'effectuer lors des séances de consolation. Enfin je dis ça, je ne dis rien !

- Certaines activités extraprofessionnelles peuvent à la longue vous conduire à des situations regrettables sur le plan professionnel.

  J'explique…

  Il y a certains collègues qui peuvent vous tuer juste pour bénéficier d'un flirt avec « mon précieux » de votre « mal nécessaire ». Faites donc attention aux présentations que vous vous faites mutuellement. Quand ce n'est pas votre « mal nécessaire » qui est lorgné par vos collègues, ce peut-être le « mal nécessaire » de l'un de vos collègues qui peut vous lorgner. Toute chose qui conduit toujours à des situations désastreuses.

- Chez nous en Afrique, il est strictement interdit d'aiguiser des appétits ou pire, de chercher à explorer le contenu du « mon précieux » d'un chef traditionnel au risque de s'exposer à la colère des Dieux et d'être excommunié du village.

Mes chers amis lecteurs, c'est avec beaucoup de peine que je mets un terme à ce bouquin. Je sais que vous avez beaucoup à faire et donc, je ne saurais vous retenir encore longtemps. J'espère que ces modestes lignes vous ont servis à quelque chose.

Merci d'avoir lu ce bouquin. N'oubliez pas de me laisser un commentaire. Portez-vous bien. Prenez soin de vos proches et soyez heureux.

À bientôt !

Quelques sources :

1. S. Ebrahim, M. May, Y. Ben Shlomo, et al. Sexual intercourse and risk of study, J Epidemiol Community Health, 2002 ;56 :99-102
2. C. Humbert, 21 décembre : journée mondiale de l'orgasme
3. A. Henry, Cure Hiccups With an Orgasm (and More Orgasmic Science),
4. R. Peleg, Case report : sexual intercourse as potential treatment 1631-1632
5. Cassoni P, Sapino A, Negro F, et al., Oxytocin inhibits proliferation of
6. Michael F, Leitzmann MD, Elizabeth A, et al., Ejaculation Frequency
7. Rémy C. Martin-Du Pan, L'ocytocine : hormone de l'amour, de la
8. R. Watson MPH, Oxytocin : The Love and Trust Hormone Can Be
9. T. Ghose, Sex May Relieve Migraines, www.livescience.com, 2013

Printed by Books on Demand GmbH, Norderstedt / Germany